RAQUEL ARAÚJO

Elas da BÍBLIA

Um devocional para garotas cujas histórias Deus está escrevendo

THOMAS NELSON BRASIL®

RIO DE JANEIRO, 2025

As citações bíblicas são da Nova Versão Internacional (NVI), da Biblica Inc.

COPIDESQUE: Giovana Mattoso
REVISÃO: Daniela Vilarinho e Bruna Del Valle
PROJETO GRÁFICO, CAPA E DIAGRAMAÇÃO: Larissa Fernandez e Leticia Fernandez

Dados Internacionais de Catalogação na Publicação (CIP)
(BENITEZ Catalogação Ass. Editorial, MS, Brasil)

1.ed. Araújo, Raquel
Elas da Bíblia / Raquel Araújo; ilustração Larissa, Letícia Fernandez. – 1.ed. – Rio de Janeiro: Thomas Nelson Brasil, 2025.

176 p.; il.; 13,5 × 20,8cm.

ISBN 978-65-5217-389-8

1. Literatura devocional. 2. Mulheres da bíblia. 3. Personagens da bíblia – Literatura infantojuvenil. I. Larissa. II. Fernandez, Letícia. III. Título.

07-2025/38 CDD 028.5

Índices para catálogo sistemático:

1. Literatura infantojuvenil 028.5
2. Literatura juvenil 028.5

Aline Graziele Benitez – Bibliotecária - CRB-1/3129

Os pontos de vista desta obra são de responsabilidade de seus autores e colaboradores diretos, não refletindo necessariamente a posição da Thomas Nelson Brasil, da HarperCollins Christian Publishing ou de suas equipes editoriais.

Rua da Quitanda, 86, sala 601A - Centro
Rio de Janeiro/RJ - CEP 20091-005
Tel.: (21) 3175-1030
www.thomasnelson.com.br

Dedico este livro para Bebel e Ceci.
Que vocês vivam tudo que Deus as fez
para ser. Deus não as fez meninas à toa.

Sofia (*in memoriam*), seguimos
confiando no seu Amigão.

Mariana Salgueirinho e Juliana Souza,
inspirar e ensinar meninas diariamente
é dom divino. As sementes que vocês
lançam não são em vão.

Uma carta para quem cuida de meninas

Era 2018 quando Debora Otoni — minha irmã — se perguntou: "o que as mulheres da Bíblia falariam se pudessem contar suas próprias histórias?". Para responder essa pergunta e dar voz a tantas mulheres da nossa fé, ela chamou suas amigas — entre elas, eu — para tal tarefa. Assim nasceu *De Eva a Ester*, em 2020, seguido por *De Maria até nós*, em 2022.

Só que eu mesma comecei a ler muito nova e fiquei pensando que amaria ter lido um livro desse, mas feito para meninas como eu. Meninas que amam a Jesus e estão descobrindo a fé cristã. Meninas que estão se encontrando neste grande enredo escrito pelo Senhor. Meninas que, mesmo novas, podem e devem ver cada um de seus dias como escritos intencionalmente por Ele.

Se você é mãe, tia, avó, professora ou responsável e pegou este livro para ler para alguma pequena: não deixe de saborear estes poemas. A menina que mora dentro de você talvez ainda precise desses encontros.

Se você é um homem que cumpre esse nobre papel: sua presença é essencial, seu incentivo é indispensável e seu amor é transcendente. Você pode não entender todas as vivências de uma menina, mas siga em frente. Que essas rimas lhe sejam encorajamento.

Deus lhe abençoe na tarefa nobre de criar uma menina. Porque Dele, por Ele e para Ele são todas as coisas. Todas as meninas. Todas as histórias. Amém.

Uma carta para meninas leitoras

Desde os onze anos escrevo poemas. Só que nunca achei que isso tivesse algum sentido. Eu escrevia, meus colegas e professores gostavam, meus textos eram publicados no livro da escola. Tinha noite de autógrafos, eu achava o máximo, mas acabava aí. Realmente, nunca achei que isso era coisa para além da escola. Nunca achei que alguém mais se importasse.

Até que descobri que o Senhor se importa. Não só agora, quando sou adulta. Ele sempre se importou. Sempre amou cada verso. Sempre curtiu cada rima. Ele leu cada página.

Quando tive a ideia do primeiro poema, Ele estava lá. Quando eu ficava nervosa se iriam gostar do meu primeiro poema, na votação da turma, Ele estava lá. Quando escolhi minha blusa laranja para a noite de autógrafos, Ele estava lá.

E da mesma forma, o Senhor se importa com sua história. Ele está sempre com você. Nos dias bons e nos ruins. No riso e no choro. Quando você é muito boa no que faz e quando você não tem ideia de como fazer o que precisa.

Tem quem diga que meninas não tinham espaço na história da Bíblia. Coitados! Mal sabem eles que o Senhor não fez meninas à toa. De Eva até você — inclusive as que virão depois de você.

Por isso, minha amiga, ame ao Senhor, confie Nele, viva seus dias para Ele. Deus te ama. Deus se importa. Deus sempre está.

Um abraço, Raquel

As histórias

A primeira 13

O passarinho e a mulher 18

As matriarcas 24

Uma de três 30

BFFs 37

Os sabores da vovó 43

As que repartem os despojos 49

Há muito que posso aprender 55

A princesa curiosa 60

Ciranda da menina sem nome 66

Convicta 73

A rainha que sabia 79

Uma senhora que esperava 87

A canção de Maria 93
Outra senhora que esperava 99
A mulher que tinha sede 105
Inacreditável 111
As meninas ricas 117
Desencontro 123
Para Marta, o cuidado 128
Até ser completa 134
Quando o que eu tenho não parece muito 140
Dois em um, um em dois 147
A confissão do começo 153
Nós 160
Conheça as mulheres 169

A primeira

Abri os meus olhos
Estou descobrindo quem sou
Olhei ao redor, vi tanta coisa
Ainda não sei para onde vou

Percebi o meu corpo
Cada parte de mim
Vi que eu era única
No meio deste jardim

Deus disse: "Você é **mulher**"
Mas o que isso quer dizer?
Como posso ser quem sou?
O que fui feita para viver?

Ele disse que sou "**ezer**"
Que palavra diferente
Quer dizer que sou auxílio
Sou socorro bem presente

Eu que não sei muita coisa
Sou eu que preciso de ajuda
Como é que poderei
Ser uma **ezer** com bravura?

Acabei de ser criada
Mas uma coisa eu sei bem
Posso ser o que Ele me fez para ser
Porque todo dia para perto de mim Ele vem

O que aprendo com Eva

Então o Senhor Deus fez o homem cair em profundo sono e, enquanto este dormia, tirou-lhe uma das costelas, fechando o lugar com carne. Com a costela que havia tirado do homem, o Senhor Deus fez uma mulher e a trouxe a ele. Disse então o homem: "Esta, sim, é osso dos meus ossos e carne da minha carne! Ela será chamada mulher, porque do homem foi tirada".
(Gênesis 2:21-23)

Você não é menina à toa. Deus te criou **mulher** de forma muito intencional. Há um propósito para você ser quem é e do jeito que é. Seu corpo, sua genética, sua personalidade — nada disso é por acaso.

O Salmo 139 nos diz que o Senhor já estava te vendo e escrevendo seus dias quando você ainda estava em formação. Eu não sei você, mas eu acho isso grande demais! O Deus que criou as estrelas, os planetas, as galáxias e tudo mais que a gente vê (e não vê), é o mesmo Deus que se importou e cuidou de você quando ninguém mais te via.

E Ele continua cuidando. Por isso, você pode encontrar Nele o sentido da sua vida. Você pode descobrir em Deus — e com Deus — a razão de você ser quem é. Ser menina é ser filha de Deus: você nunca estará sozinha.

Ser menina é ser amada por Deus — você tem valor que ninguém pode tirar. Ser menina é ter propósito — a palavra usada no original para descrever a mulher em Gênesis 2:18, **ezer**, foi depois usada no Salmo 121, quando diz "o meu **socorro** (ezer) vem do Senhor". Isso quer dizer que Deus criou você com forças e habilidades para ser a ajuda que muitos precisam em momentos de grandes necessidades.

Não é sempre fácil lembrar dessas coisas. Mas é necessário. Deixe isso anotado no seu quadro de fotos, na porta do quarto, na agenda da escola, ou numa página da Bíblia. Você é filha. Você é amada. Você tem propósito.

Vamos orar juntas?

Querido Deus,
Obrigada, porque o Senhor me fez de forma especial e intencional. Eu não sou menina por acaso. O Senhor me quis e me fez assim. Me ajude a lembrar que sou Sua filha e, por isso, nunca estarei sozinha. Me lembre que sou amada pelo Senhor e, por isso, eu tenho valor que nada nem ninguém vai tirar. Senhor, me auxilie a entender que tenho propósito e, por isso, minhas habilidades e ações não são vazias. Eu sou grata, porque o Senhor se importa e me ama.
Em nome de Jesus. Amém.

Minha parte nesta história

**Escreva, desenhe ou cole o que quiser.
Este espaço é todo seu!**

O passarinho e a mulher

Ei, passarinho
Como é belo seu voar
Suas asas espalhadas
Seu olhar alcança longe
E eu aqui a esperar

Ah, passarinho
Se você soubesse quem sou
Estou presa em um barco
Com animais por todo lado
Sem nem saber para onde vou

Estou presa, passarinho
É difícil entender
Depois de todo aguaceiro
Estamos aqui há dias
Sem mais nada acontecer

Voa, passarinho
Vê se volta com esperança
Vê se encontra alguma terra
Que renove a minha vida
Fazendo do meu choro, dança

[Nóe solta uma pomba que volta trazendo um galho]

Você veio, passarinho
E trouxe junto o recomeço
Olha a prova no seu bico
A vida está voltando
Isso é mais do que mereço

Eu já não cria, passarinho
Pensei que Deus não se importava
A chuva embaçou meus olhos
A demora cansou minha força
E minha fé pestanejava

É que a arca não é meu fim
Agora posso entender
Pois é livre quem se abriga
Tem seu voo quem espera
Deus tudo novo vai fazer

Obrigada, passarinho

O que aprendo com a mulher de Noé

Eis que vou trazer águas sobre a terra, o Dilúvio, para destruir debaixo do céu toda criatura que tem fôlego de vida. Tudo o que há na terra perecerá. Mas com você estabelecerei a minha aliança, e você entrará na arca com seus filhos, sua mulher e as mulheres de seus filhos.
(Gênesis 6:17-18)

Eu não sei você, mas eu não gosto de esperar; nunca gostei. Não é a coisa mais agradável do mundo entender porque eu não podia ter as coisas que queria na hora que queria. A gente tem de aprender a lidar com isso de qualquer jeito, mas dizer que esperar é legal, aí já é demais!

Mas não tem jeito. Nossa vida é sempre cheia de esperas e pausas. Tem de esperar até a hora do recreio. Tem de esperar até as férias. Tem de esperar até o horário da aula que gosta. Tem de esperar até o dia do passeio. Tem de esperar.

Se você gosta de confeitaria, sabe como é — se a gente não espera e tira os *cupcakes* do forno antes da hora, o desastre é certo.

Então, já que não tem jeito, o que fazer enquanto a gente espera? Como lidar com nossas emoções, nossos pensamentos e nossa fé enquanto não temos o que desejamos?

Uma opção é a gente alimentar nossa ansiedade. Se a gente ficar olhando tanto para o que falta, nossa preocupação e inquietude crescem que nem um balão. O problema é que, quanto mais esse balão é enchido com a ansiedade, maior o risco dele estourar.

Mas tem outra opção (ufa!). A gente pode aprender a confiar e descansar (Salmos 37:4-5 nos ajuda com isso). Não é fácil, mas é bom. Podemos olhar para o que já temos com satisfação e gratidão. A gente pode olhar para tudo o que Deus já fez e respirar fundo, certas de que Ele vai continuar cuidando.

A gente pode aprender a respirar fundo, sem pressa, permitindo ao nosso corpo curtir esse descanso. Que tal fazer isso agora? Vai lá, não precisa ter vergonha. Respire bem fundo. Sinta o ar chegando em cada parte do seu corpo. Daí vai soltando devagarzinho, como se fosse um balão esvaziando.

Não é uma sensação gostosa?

Que bom saber que podemos confiar descansadas em Deus! É verdade, a espera nem sempre é agradável. Mas se colocarmos nossos olhos no Senhor, gratas por tudo que Ele já fez, podemos esperar em paz.

Vamos orar juntas?

Querido Deus,
Não tem sido muito fácil esperar. Se eu for bem sincera, me pego a ponto de estourar com frequência. Sempre quero as coisas do meu jeito e no meu tempo. Senhor, me perdoe por isso. E me ajude a confiar e descansar no Senhor, grata por tudo que Você já fez, e segura que o Senhor estará sempre cuidando de mim. Eu te entrego os meus pedidos e aquelas coisas que mais tenho esperado. Cuide disso por mim. Confio em Ti. É em nome de Jesus que eu oro. Amém.

Minha parte nesta história

Escreva, desenhe ou cole o que quiser.
Este espaço é todo seu!

As matriarcas

Nossa história se faz uma
Mas somos bem desiguais
Cada uma a seu tempo
Viu o que Deus é capaz

Sara
Vou me apresentar primeiro
Pois fui a que primeiro vivi
E o que aprendi na história
É que o Senhor também sabe rir

Prazer, meu nome é Sara
Por muitas décadas esperei
Até que Deus cumpriu a promessa
E Isaque, meu filho, gerei

Rebeca
Agora é minha vez
Quando decido, ninguém me prende
Em tudo que fiz, eu vi
Que o Senhor surpreende

Sou Rebeca, vim de longe
Mas era eu quem Deus queria
Ele fez tudo do jeito Dele
Apesar da minha teimosia

Lia
Já eu, sou a Lia
Ninguém nunca me quis
Mas entre lágrimas eu entendi
O Senhor é justo e me faz feliz

Enquanto todos me esqueceram
Deus de mim se lembrou
Dentre muitos, tive Judá
Do qual veio o Salvador

Raquel
Pra encerrar, é minha vez
Fui amada, mas fui cruel
Meu orgulho me cegou
Meu nome é Raquel

Achei que eu fosse a melhor
Mas não importa o que eu faça
Sou pequena diante de Deus
O Senhor é bom e age com graça

Todas
Nossa história se faz uma
Somos muito parecidas
Nossos erros, perdoados
Para a promessa, escolhidas

Matriarcas de todos os povos
E este é o nosso grande papel
Mostrar quem é nosso Senhor
O Deus de Sara, Rebeca, Lia e Raquel

O que aprendo com Sara, Rebeca, Lia e Raquel

Eu a abençoarei e também por meio dela darei a você um filho. Sim, eu a abençoarei e dela procederão nações e reis de povos (Gênesis 17:16)

Não tem para onde correr... A gente se compara. Quem tem o cabelo mais bem cuidado; quem tem o estojo mais cheio de canetas e borrachas diferentes; quem tem o tênis mais atual; quem tem mais amigas; quem faz melhor a dancinha do momento; quem já fez a viagem mais diferente; quem parece mais feliz.

É como se houvesse um único jeito de ser e todas tivessem de ser iguais. E aí a gente fica medindo umas às outras para avaliar quem chegou nesse padrão. E, vamos confessar, dá uma vergonha danada quando olhamos para nossa vida e vemos que quem está por fora somos nós.

Isso acontece porque a gente esquece que cada história é única. Daí, a gente passa um tempão olhando para vida da outra em vez de ver o que está acontecendo na nossa.

Deus age de forma coletiva na história da humanidade, mas também age de forma particular.

Enquanto Ele estava colocando Seu plano geral em ação com Israel, fazendo um povo para si, para mostrar Seu poder e grandeza, Ele também estava colocando seus planos individuais em ação na vida de cada pessoa envolvida.

Mas cada uma dessas mulheres (e dos homens também) só parou de se comparar quando teve um encontro com Deus. Porque, ao ver e ouvir do Senhor, cada uma entendeu que Deus tinha algo único e suficiente para sua história.

Quanto mais eu me comparo, menos eu vivo o que Deus tem para mim. Mas na hora que eu me encontro com o Senhor, conheço quem Ele é e quem eu sou. Posso me alegrar com o que sou e tenho. E posso me alegrar até com o que outras meninas têm. O que importa é me encontrar com o Senhor e viver a história única que Ele escreveu para mim.

Vamos orar juntas?

Querido Deus,
Às vezes é difícil eu não me comparar. Eu queria muito ter o que outras meninas têm e me sinto inferior por isso. Sinto até que o Senhor se importa mais com elas do que comigo. Mas sei que não é assim. O Senhor tem um papel importante para mim na Sua história. Não preciso medir quem é melhor, porque cada uma é única. Eu sou única para o Senhor. Que o meu maior desejo não seja ter as coisas do momento, mas me encontrar com o Senhor. Em nome de Jesus. Amém.

Minha parte nesta história

Escreva, desenhe ou cole o que quiser.
Este espaço é todo seu!

Uma de três

Somos nós os três irmãos
Um trio que ninguém segura
Cada um com seu talento
Seja calmo ou briguento
Nessa grande aventura

Não é sempre que dá certo
Mas sempre recomeçamos
Quando há algum tropeço
Deus nos vira ao avesso
E para o rumo retornamos

Arão é o eloquente
Ele fala muito bem
É o mais velho, é seguro,
Sacerdote do mais puro
Floresceu como ninguém

Moisés é nosso milagre
O libertador ungido
Faraó foi derrotado
Como fora anunciado
Vida ao povo escolhido

E eu celebro, minha gente
Trago todos para a dança
Quando o mar vermelho abriu
Todo mundo me seguiu
Jubilosos na andança

Cuidei do bebê Moisés
Pelo rio eu o segui
Escondida pela margem
Porém cheia de coragem
O futuro eu protegi

O que aprendo com Miriã

A irmã do menino ficou observando de longe para ver o que lhe aconteceria. (Êxodo 2:4)

Você tem irmãos? Eu tenho dois, uma mais velha e um mais novo. Assim como Miriã, sou a do meio. E você, como é aí na sua casa? Você gosta de como as coisas são?

Tem meninas que se dão superbem com os irmãos, mas nem todas conseguem. Com Miriã, nem sempre foi assim. Ela viveu momentos inesquecíveis com eles, mas também viveu brigas bem feias.

E aqui vai uma dica que eu aprendi com Miriã, Arão e Moisés: seus irmãos podem ser seus maiores companheiros no plano de Deus para sua vida. Com o jeito diferente que eles têm, cada um pode ser um incentivador na sua história — e você na deles.

Miriã vigiou Moisés no rio e sugeriu à princesa que sua mãe cuidasse do bebê. Arão falou por Moisés a Faraó e depois se tornou o primeiro sacerdote. Moisés liderou Miriã, Arão e todo o povo na libertação. O Êxodo não seria o mesmo se um deles não tivesse feito sua parte.

Eu sei, irmãos às vezes podem pegar no seu pé (e você também faz isso com eles, vamos ser sinceras aqui). Mas Deus não colocou vocês na mesma casa à toa. Com o que seus irmãos te ajudam? Com o que você os ajuda?

Vamos orar juntas?

Querido Deus,
O Senhor Jesus teve irmãos, sabe como é... Nem sempre é fácil. Mas o Senhor escolheu cada um da minha família. Peço sabedoria, criatividade, paciência e bondade para que eu possa ajudar meus irmãos em suas histórias. E que juntos possamos viver o propósito do Senhor. Obrigada pela minha família. Se alguma menina tem tido problemas com seu irmão ou irmã, que ela tenha forças para pedir ajuda e que ela saiba que o Senhor não a abandonou. Em nome de Jesus. Amém.

Minha parte nesta história

**Escreva, desenhe ou cole o que quiser.
Este espaço é todo seu!**

BFFs

[Jael sobre Débora]
Minha amiga é guerreira
Muito boa em liderar
Tomando a dianteira
Fez a guerra acabar

[Débora sobre Jael]
Minha amiga é esperta
Do perigo não correu
Deixando a casa aberta
O problema resolveu

[As duas sobre as duas]
Uma em casa, outra na guerra
Nossa vida não é igual
Mas amizade não encerra
Focamos no principal

Quando uma guerreia, todas vencem
Quando uma resiste, todas são corajosas
Quando uma abre a casa, todas pertencem
Quando andamos juntas, todas são vitoriosas

O que aprendo com Débora e Jael

Baraque disse a ela: "Se você for comigo, irei; mas, se não for, não irei". Respondeu Débora: "Está bem, irei com você. Mas saiba que, por causa do seu modo de agir, a honra não será sua; porque o Senhor entregará Sísera nas mãos de uma mulher". Então Débora foi a Quedes com Baraque (Juízes 4:8-9)

Quem é sua melhor amiga? Vocês têm muito em comum? Como vocês se conheceram?

A amizade é um presente de Deus para humanidade. É a possibilidade de escolhermos quem vai andar perto, com quem vamos compartilhar a vida. São as irmãs e irmãos que não nasceram dos mesmos pais, mas é como se tivessem nascido. E, por nossas melhores amigas, a gente é capaz de qualquer coisa. Pagamos mico juntas. Estudamos para prova juntas. Vemos o mesmo vídeo quinhentas vezes juntas. E enfrentamos batalhas juntas. Nenhuma amiga sofre sozinha — essa é uma vantagem da amizade.

Quando uma sofre, a outra sente. Quando uma se sente ofendida, a outra defende. Quando uma sente medo, a outra se enche de força, e, juntas, elas encaram o desafio. Ter amiga não é só ter alguém que faça isso por você, mas é fazer isso por alguém. É estar com ela nos melhores e piores momentos — seja de perto ou de longe.

E para firmar essa amizade, tem menina que gosta de usar pulseira, cordão ou algum outro acessório combinando. Já eu tenho uma dica ótima para você: **a oração**. Mesmo que sua amiga não acredite em Jesus ainda, orar por ela e com ela é prova de amizade do maior valor. Você já perguntou para sua amiga pelo que ela precisa de oração? Que tal começarem juntas um caderno ou um grupo de WhatsApp onde vocês anotam os pedidos e as orações? Tenho certeza que vocês vão se surpreender com as respostas que Deus dá quando amigas oram e agem juntas.

Vamos orar juntas?

Querido Deus, obrigada pelas minhas amigas. Elas me mostram que não estou sozinha, nem nos dias bons, nem nos ruins. Deus, me ajude a ser uma boa amiga, a dar o que tenho de melhor — minhas orações ao Senhor. Assim como Débora e Jael lutaram juntas, que eu possa lutar em oração por minhas amigas. E oro por aquelas que estão se sentindo sozinhas, excluídas. Que eu possa ser resposta das orações delas. Em nome de Jesus. Amém.

Minha parte nesta história

Escreva, desenhe ou cole o que quiser.
Este espaço é todo seu!

Os sabores da vovó

Minha vida era amarga
O sabor era ruim
Tinha gosto de tristeza
Qual seria o meu fim?

O meu choro era salgado
O sabor era de dor
Tinha gosto de saudade
Eu não queria mais rancor

Mas no meio do azedume
Uma filha eu ganhei
Ela disse: "Não preocupes,
Por onde fores, eu irei"

E depois um fazendeiro
Pra completar a receita
Trouxe trigo e esperança
Transbordou nossa colheita

E a cereja do bolo
Pra curar toda amargura
Foi o netinho que ganhei
Ser vovó é uma doçura

O que aprendo com *Noemi*

As mulheres disseram a Noemi: "Louvado seja o Senhor, que hoje não a deixou sem resgatador! Que o seu nome seja celebrado em Israel!" (Rute 4:14)

Dias tristes podem parecer eternos. Assim foi para Noemi. Depois que perdeu seu marido e seus dois filhos, ela nem aceitava mais seu nome, só queria ser chamada de Mara (que queria dizer amarga).

Você já sentiu uma tristeza dessa? Parece que o mundo não tem mais graça nenhuma. Parece até que o dia passa em câmera lenta, os sons são estranhos, as cores não têm brilho.

A boa notícia é que você não está sozinha. Nos nossos piores dias, o Senhor está conosco, Ele não nos abandona. Deus sente nossa dor e nos acolhe nos Seu abraço bondoso.

Ele também manda pessoas para nos consolar nesses dias. Talvez seus pais, alguma amiga, uma professora... Eu sei que, às vezes, nossas lágrimas nos atrapalham de enxergar quem está do nosso lado. Mas se você não está conseguindo ver, peça ajuda. Não é vergonhoso pedirmos socorro nos nossos dias amargos.

E uma última notícia: o dia triste não é seu destino. Ele é só uma fase. Você não é pior ou menos importante por causa da tristeza que está sentindo. Nossas emoções são como nuvens — umas são leves e passageiras, outras pesadas, cheias de chuva. Mas nenhuma delas define o Sol, que não para de brilhar. Como disse o salmista: "o choro pode persistir uma noite, mas de manhã irrompe a alegria" (Salmos 30:5). Vai passar.

Vamos orar juntas?

Querido Deus,
Tem dias que minha tristeza é tão grande que nem sei como orar. Peço que o Senhor me ajude a sentir Seu consolo e Seu abraço. Obrigada, pois minha tristeza não O afasta de mim. Senhor, me ajude a pedir ajuda. E obrigada por estar comigo nessa noite amarga de choro até a manhã da alegria chegar. Em nome de Jesus, eu oro. Amém.

Minha parte nesta história

Escreva, desenhe ou cole o que quiser.
Este espaço é todo seu!

As que repartem os despojos

Estava triste
Fui esquecida
Para a grande guerra
Não fui escolhida

Inesquecível
O dia era
A aventura
Era quimera

Até que escutei
Meu nome chamar
Minha tarefa
Era compartilhar

Era para todos
O prêmio da luta
Entre nosso povo
Não tinha disputa

Aí eu aprendi
O que é a graça
Recebo a vitória
Sem que nada faça

Então não importa
Onde eu esteja
Tem lugar para mim
A graça sobeja

O que aprendo com as mulheres que repartem os despojos

Reis e exércitos fogem em debandada; a dona de casa reparte os despojos. (Salmos 68:12)

Tem uma palavra muito importante no cristianismo que, se você vai em alguma igreja cristã ou se lê a Bíblia, já deve ter ouvido: **graça**. Essa palavra (e o que ela significa) é central na nossa fé. Ou seja, o que a gente acredita sobre Deus e sobre a gente tem muito a ver com ela.

Uma observação para quem já está com a piada pronta: essa graça não tem nada a ver com ser engraçada, dar risada fora de hora ou ser a piadista da turma — apesar dessas coisas serem muito boas.

A graça de que estou falando quer dizer "favor imerecido". Em outras palavras, é como se não fosse meu aniversário, nem eu tivesse ganhado primeiro lugar em nada, nem eu tivesse sido muito boa em algo e ainda assim eu ganhasse um superpresente.

O Evangelho é uma história dessa graça. Deus nos amou sem que a gente tivesse feito nada de bom. Pelo contrário: Ele nos amou quando estávamos afundadas no pecado. E aí, você pode pensar que nunca fez nada de tão ruim. Mas todas pecamos e não temos bondade suficiente que nos trouxesse para perto de Deus.

Ainda assim, Ele nos deu o maior e melhor presente: Jesus. Ele nos amou de uma maneira tão grande que nos enviou Seu filho para conceder a vida eterna para todo mundo que crer Nele (João 3:16). De graça. Sem pagar nada.

E agora, tendo recebido tudo de graça e pela graça, somos chamadas a compartilhar. A dividir o amor e a vida eterna com todos ao nosso redor. De graça recebemos, de graça repartimos.

Vamos orar juntas?

Querido Deus,
Me faltam palavras para agradecer por Seu amor. É tão grande que não consigo explicar. Mas sei que o Senhor me ama mesmo sem eu merecer. Obrigada por me salvar pela graça e de graça. Obrigada por me dar a vida eterna. Que eu sempre compartilhe com todos ao meu redor sobre este maior presente. Em nome de Jesus. Amém.

Minha parte nesta história

Escreva, desenhe ou cole o que quiser.
Este espaço é todo seu!

Há muito que posso aprender

Vi uma mulher
Igual a ela não havia
Resolvi aprender
Tudo que eu poderia
Uma a uma das ações
O que ela faz de coração
Se você quer aprender
Anote cada lição

Valorize a casa
Incentive a família
Ria sem medo do futuro
Trabalhe com maestria
Usufrua com gratidão
Ore com fervor
Sirva a todo próximo
Ame muito ao Senhor

Vale sempre destacar
Insistir no principal
Relevante é uma coisa
Tudo mais é trivial
Uma coisa é necessária
O coração rendido a Jesus
Sem Ele não há virtude
À vida boa Ele conduz

O que aprendo com a mulher virtuosa

A beleza é enganosa, e a formosura é passageira; mas a mulher que teme ao Senhor será elogiada. Que ela receba a recompensa merecida, e as suas obras sejam elogiadas à porta da cidade. (Provérbios 31:30-31)

Não sei se você sabe, mas essa mulher descrita em Provérbios 31 já foi tema de muitos debates. De um lado, estavam aquelas que defendiam que ser virtuosa era apenas cuidar bem da casa, dos filhos e do marido. Do outro lado, estavam as que defendiam que ser virtuosa era ser bem-sucedida nos estudos e na carreira. E ainda, num terceiro lado, estavam as que achavam que ser virtuosa era dar conta de tudo o tempo todo, sem surtar nem reclamar.

Mas, na verdade, pode e deve existir um equilíbrio entre essas visões.

Talvez, a gente possa entender a mulher virtuosa não como um padrão impossível de ser alcançado, mas como um modelo onde todas se encaixam. Até porque, se olharmos para a própria Bíblia, Deus nunca escolheu um tipo único de mulher para usar.

Desse jeito, percebemos que há virtude (ou seja, valor e dignidade) em ser tanto dona de casa como uma grande empresária. Melhor dizendo, há virtude independentemente da profissão que você quer seguir quando crescer. Isso porque o foco não é o que a mulher faz, mas o Deus que ela segue.

Por isso, amiga, sonhe bastante e corra atrás. Vá ser uma excelente mãe, uma astronauta de sucesso, uma cabeleireira sem igual. Mas, acima de tudo, primeiro de tudo e mais importante que tudo: siga ao Senhor.

Vamos orar juntas?

Querido Deus,

Tenho planos para o meu futuro, quando eu for adulta. Sonhos familiares e sonhos profissionais. Mas oro colocando todos eles diante do Senhor, porque entendi que Te seguir, andar com Você e ser Sua amiga é a maior virtude que eu posso ter. Que nenhuma realização seja maior que isso. Que eu cresça firmada nesta certeza. Em nome de Jesus. Amém.

Minha parte nesta história

Escreva, desenhe ou cole o que quiser.
Este espaço é todo seu!

A princesa curiosa

Sou princesa de Sabá
Não precisa fazer reverência
O que estou procurando
É quem quer falar de ciência!

Sou menina curiosa
Amo livros, letras e estudo
Quero saber de tudo um pouco
E quero entender um pouco de tudo

Para onde vai a luz?
De onde veio o mundo?
Quem responde o som do eco?
Vive alguém no mar profundo?

Qual o idioma dos golfinhos?
Quantos grãos há no deserto?
Como as folhas ficam verdes?
Quem decide o que é longe e o que é perto?

De onde a esperança surge?
O que vem depois do fim?
Como nasce um amigo?
Há propósito em mim?

Dizem que o Criador
Que fez terra, céu e mar
Foi quem me fez assim
Querendo tudo questionar

E se Ele que é eterno
Se importou em me criar
Vou viver da melhor forma
Sem parar de estudar

O que aprendo com a rainha de Sabá

(se ela fosse princesa)

A rainha de Sabá soube da fama de Salomão, e foi a Jerusalém para pô-lo à prova com perguntas difíceis [...].
(2Crônicas 9:1)

Você já ouviu dizer que existe mais de um tipo de inteligência? Pode ser que você ainda ache que menina inteligente é só aquela que tira notas boas em matemática (ou seja lá qual for a matéria mais difícil hoje em dia). Mas não é bem assim.

Ser inteligente é bem maior e mais amplo que a nota de uma prova. Tem menina que realmente é boa com números, mas tem a que é boa com linguagens, outra com atividades físicas, outra é superboa em lidar com emoções — e por aí vai.

Mas tem uma coisa que é comum em todas as inteligências — ninguém é desleixado com aquilo que é bom e, ainda mais, com aquilo que precisa ser feito. A menina inteligente é uma menina responsável. Ela sabe o que precisa ser feito e faz, mesmo sem gostar.

A menina que é inteligente, independentemente do tema em que ela é boa, é uma menina curiosa e humilde. Não tem vergonha de admitir que não sabe algum assunto — ela vai atrás de quem sabe e pergunta o que precisa. Ela sabe que não vai ser superboa em tudo, mas não é por isso que não vai atrás. Por último, a menina inteligente usa sua inteligência para a glória de Deus. Tudo o que surge para ela fazer, faz como se estivesse fazendo para Ele.

Ela ama ao Senhor com todo o seu coração, sua alma e sua força — mas também com seu entendimento. Na sua inteligência — responsável, curiosa e humilde —, ela descobre mais e mais do próprio Deus e aprende que é isso o que mais importa.

Vamos orar juntas?

Querido Deus,

Obrigada por me fazer inteligente. Nem sempre acho que sou capaz de aprender, mas agora sei que o principal é que eu seja cada dia mais responsável, curiosa e humilde. Obrigada, porque eu não preciso ser a melhor em tudo. Mas existem, sim, habilidades em mim que me fazem muito inteligente (seja em números, letras, emoções, organização, atividade física etc.). Acima de tudo, que eu use essa minha inteligência para conhecer e amar ao Senhor. Em nome de Jesus. Amém.

Minha parte nesta história

Escreva, desenhe ou cole o que quiser.
Este espaço é todo seu!

Ciranda da menina sem nome

Eu não venho dessa terra
Vim de bem longe daqui
Me trouxeram sem escolha
Como me aborreci

Até que fiquei sabendo
Que Naamã está doente
Ele é forte, é guerreiro
Mas sobre a saúde mente

Como é que eu podia
Ficar quieta no meu canto
Se eu tinha a resposta
Pra cessar todo o seu pranto

*[Naamã ouve a ideia da menina,
vai a Israel e volta curado]*

Não sei o que aconteceu
Eu só sei que a cura veio
Ele ouviu a minha ideia
Se rendeu ao Deus que creio

Por isso, minha gente
Quem está bem ao seu lado
Pode ser quem mais precisa
De ouvir o seu recado

Mesmo que seja difícil
Se agarre no Senhor
Compartilhe a notícia
Não importa onde for

O que aprendo com a escrava de Naamã

Ora, tropas da Síria haviam atacado Israel e levado cativa uma menina, que passou a servir à mulher de Naamã. Um dia ela disse à sua senhora: "Se o meu senhor procurasse o profeta que está em Samaria, ele o curaria da lepra". (2Reis 5:2-3)

Seguir a Jesus envolve uma ação muito desconfortável — amar nossos inimigos e abençoar quem nos persegue. Foi Ele mesmo quem disse isso no sermão da montanha (ver Mateus 5:43-48).

Para entender melhor as palavras de Jesus, a gente precisa entender o que estava acontecendo. Jesus era Deus. Ele se tornou humano, cem por cento gente como a gente, mas continuava sendo totalmente divino. E a vinda de Cristo foi para redimir a humanidade, libertando as pessoas da escravidão do pecado e fazendo com que elas fossem feitas filhos de Deus.

Mas, por causa do pecado, éramos todos inimigos de Deus. E foi a nós — inimigos — que Deus amou de tal maneira a ponto de enviar Jesus para morrer no nosso lugar, levando a culpa que era nossa e nos dando a vida eterna.

Então, perceba, Jesus não nos diz para amar aos inimigos só porque parece bacana. Ele mesmo fez isso. Ele deu a própria vida por isso. Eu e você éramos as inimigas da história, mas fomos alcançadas por esse amor.

A escrava de Naamã nos mostra isso na prática. Ela não ouviu as palavras de Jesus (óbvio, pois viveu bem antes Dele), mas nos dá uma ideia massa de como demonstrarmos amor aos inimigos (no caso dela, a Naamã): contando para eles quem Deus é, o que Ele faz e com o que Ele se importa.

Obs.: não, Ele não está falando para a gente ser melhor amigo do valentão que faz bullying, ou para deixarmos um adulto que passa dos limites físicos e emocionais ter liberdades com a gente (se você está em uma situação assim, peça ajuda!).

Vamos orar juntas?

Querido Deus,
Tem pessoas na minha vida que são como inimigos. Não consigo me dar bem com elas, parece que tudo o que querem é me ver mal. Só implicam e me ofendem. Deus, me ajude a amá-las como o Senhor me amou. É muito difícil, não vou mentir. Mas quero ser parecida com Jesus. Senhor, me ajude a mostrar o Seu amor para essas pessoas — isso é tudo o que elas mais precisam. Em nome de Jesus. Amém.

Minha parte nesta história

**Escreva, desenhe ou cole o que quiser.
Este espaço é todo seu!**

Convicta

Por que eu creio na Bíblia
Mesmo quando ninguém crê?
Quando cada um só faz
Aquilo que dá pra fazer

Por que eu creio na Bíblia
Quando querem que ela suma?
Não querem princípios nem ordens
Não querem ouvir coisa alguma

Por que eu creio na Bíblia
Se dizem que ela não é real?
Querem reescrever tudo
Como acham mais legal

Pois eu creio mesmo na Bíblia
Independente do que falem
Ela é fonte de vida
Todas suas palavras valem

E mesmo que sumam com a Bíblia
Sempre ela estará comigo
Guardada bem dentro do peito
O Deus da Bíblia é meu amigo

O que aprendo com *Hulda*

E o secretário Safã acrescentou: "O sacerdote Hilquias entregou-me um livro". E Safã o leu para o rei. Assim que o rei ouviu as palavras do livro da Lei, rasgou suas vestes e deu estas ordens ao sacerdote Hilquias, a Aicam, filho de Safã, a Acbor, filho de Micaías, ao secretário Safã e ao auxiliar real Asaías: "Vão consultar o Senhor por mim, pelo povo e por todo Judá acerca do que está escrito neste livro que foi encontrado. A ira do Senhor contra nós deve ser grande, pois nossos antepassados não obedeceram às palavras deste livro, nem agiram de acordo com tudo que nele está escrito a nosso respeito". O sacerdote Hilquias, Aicam, Acbor, Safã e Asaías foram falar com a profetisa Hulda, mulher de Salum, filho de Ticvá e neto de Harás, responsável pelo guarda-roupa do templo. Ela morava no bairro novo de Jerusalém. (2Reis 22:10-14)

Não é de hoje que a Bíblia está em perigo. Vamos combinar, tem partes dela que são bem difíceis e até mesmo ofensivas. Ela mesma diz que sua mensagem é assim. Por isso, sempre teve gente pela História que tentou abafar, alterar e até sumir com a Bíblia do mapa.

Existem países hoje em dia que ainda destroem Bíblias e prendem aqueles que as possuem. E não sei se isso é surpresa para você, mas até no nosso país isso já aconteceu. Só que por aqui, nesses nossos tempos, os métodos de acabar com a Bíblia andam bem mais sutis — e precisamos estar atentas. Gente de todo tipo se diz amigável da Palavra, fala que concorda até que depois, devagar e de leve, começam com frases comuns do tipo: "não é bem assim", "hoje os tempos são outros", "não tem nada a ver", e por aí vai. O que eles querem é tirar o crédito da Bíblia e colocar suas próprias ideias no jogo.

Agora, a pergunta que fica é: por que é que, assim como Hulda, temos que manter a Palavra no nosso coração e lutar por ela, mesmo que todos a tenham esquecido? O que a Bíblia tem de tão especial, afinal?

A Bíblia é o nosso livro sagrado. Nela está toda a história da nossa fé e todas as razões do que cremos. Mais importante que isso, ela é a palavra do próprio Deus, escrita por pessoas inspiradas por Ele. Por isso, ela é verdadeira, eterna e útil, nosso mapa de como agir e crer.

E o que eu pessoalmente mais gosto de lembrar é que a Bíblia é uma carta de amor. Deus nos ama tanto que deixou tudo escrito para que pudéssemos ler, refletir, aprender e, principalmente, conhecê-lo. Ele se revela em cada página, falando com a gente e nos chamando para perto Dele.

Vamos orar juntas?

Querido Deus,
Muito obrigada pela Bíblia. O Senhor é tão amoroso que deixou Sua voz e Suas palavras registradas ali, para eu sempre Te ouvir e Te conhecer. Que eu sempre tenha prazer e alegria em meditar nas Escrituras, e que ela esteja sempre guardada no meu coração, por mais que as pessoas ao meu redor duvidem ou queiram diminuí-la. Eu te amo, Senhor, e amo a Tua palavra.
Em nome de Jesus, eu oro. Amém.

Minha parte nesta história

Escreva, desenhe ou cole o que quiser.
Este espaço é todo seu!

A rainha que sabia

Quem sabe não foi para este tempo
De guerras, embates e perseguição
Um tempo de dores, de muita tristeza
Que parece não ter nenhuma solução

Quem sabe não foi para este lugar
Uma terra distante e desconhecida
Não me sinto em casa, aqui não pertenço
Aqui é estranho, não sou acolhida

Quem sabe não foi para esta gente
Perdida, sem graça, sem rumo e sem chão
Que vive sem força e sem sentimento
Que vai sem motivo e sem intenção

Pois foi para esse tempo, lugar e gente
Que Deus me escolheu para uma missão
Reinar sabiamente, com toda bondade
Trazendo justiça e libertação

O que aprendo com Ester

Pois, se você ficar calada nesta hora, socorro e livramento surgirão de outra parte para os judeus, mas você e a família de seu pai morrerão. Quem sabe se não foi para um momento como este que você chegou à posição de rainha? (Ester 4:14)

Não sei se já ouviu isso antes, mas você tem um propósito. Isso quer dizer que você nasceu na cidade, família e data que nasceu por uma razão. Você estuda no seu colégio e frequenta sua igreja por um motivo.

Deus tem uma vocação para você viver hoje, no presente, onde você vive e perto de quem está. Claro que para o seu futuro também, mas já existe um motivo para o seu **agora**.

Vamos pensar juntas nisso. Pode pegar um papel e caneta para ajudar a organizar o pensamento e visualizar o que Deus já está te chamando para viver.

Primeiro, olhe bem ao seu redor. Intencionalmente e com calma. O que você vê? Quais são as pessoas que estão aí? O que elas já têm de bom? O que as deixa feliz? Do que elas precisam? O que as deixa tristes e preocupadas? Escreva isso tudo numa lista.

Agora, olhe bem para você. Isso, com sinceridade e coragem. Olhe para suas habilidades, para aquilo em que você é boa. Vá escrevendo em outra lista ou em outro papel. Perceba também o que você tem de possibilidades, aquilo que você tem a ponto de repartir.

Para terminar esse exercício simples, compare as duas folhas (ou listas).

Quais das suas habilidades podem responder às necessidades que percebeu ao seu redor? Talvez não tenha ficado tão na cara, então vou te dar uma ajudinha a mais.

Realidade: muita gente na escola sem amigos
Minhas habilidades: gosto de ler
Ideia: fazer um clube da leitura

Realidade: crise climática se agravando
Minhas habilidades: gosto de organização, arrumação e deixar tudo sempre no lugar certo
Ideia: organizar coleta de latas, papel e plástico no prédio que moro e destinação para os lugares corretos de coleta e reciclagem

Realidade: minhas amigas e eu estamos achando a igreja chata
Habilidades: gostamos de tirar foto e redes sociais
Ideia: criar uma conta em que compartilhamos entrevistas com pessoas da igreja, estudos bíblicos e orações (além de dancinhas, claro)

Realidade: amigos com problemas com os pais
Habilidades: casa espaçosa e bom relacionamento com meus pais
Ideia: fazer um grupo de filhos que oram pelos pais na minha casa, com meus amigos e meus pais

Viu só? A partir desses exemplos você pode pensar em muitas outras coisas que já pode fazer. Lembrando do principal: tudo começa e termina em Deus. Foi Ele quem fez você e te capacitou para que você viva tudo o que Ele tem para você viver hoje, no presente, onde você está.

Vamos orar juntas?

Querido Deus,
Muito obrigada por dar razão e propósito para os meus dias. Eu não sou quem sou e moro onde moro sem motivo. O Senhor quer e pode me usar para abençoar tantos que precisam.
Eis-me aqui. Que eu seja como Ester, pronta para cumprir o Seu propósito com coragem, sabedoria e bondade. Em nome de Jesus. Amém.

Minha parte nesta história

Escreva, desenhe ou cole o que quiser.
Este espaço é todo seu!

Uma senhora que esperava

A promessa ganhei
Um bebê desejado
Valeria esperar

Um sonho guardei
Parecia demorado
Decidi confiar

O milagre testemunhei
João Batista, agraciado
Um profeta para eu amar

O chamado ensinei
O caminho preparado
Para o Messias chegar

O que aprendo com *Isabel*

Depois disso, Isabel, sua mulher, engravidou e durante cinco meses não saiu de casa. E ela dizia: "Isto é obra que o Senhor fez! Agora ele olhou para mim com favor, para desfazer a minha humilhação perante o povo."
(Lucas 1:24-25)

Na época de Isabel, ter filhos era sinal de bênção. Quanto mais você tinha, mais as pessoas olhavam para você com admiração. Quanto menos você tinha, pior era. E, se não tinha nenhum, a vergonha era certa.

Isabel sabia disso e o caso dela já era sem saída — ela era idosa demais, não tinha mais jeito, mesmo. A infertilidade vergonhosa tinha sido sua companheira a vida toda, e era esse seu destino definitivo.

Só que Isabel também sabia que sua história não era só sua. Ela era parte de uma narrativa muito maior do que seus dias. Ela era só um capítulo no grande enredo do povo de Deus.

Antes dela, já haviam vivido mulheres curadas da infertilidade: Ana, a mãe de Samuel; a mãe de Sansão; as matriarcas Sara, Rebeca e Raquel. Se Deus quisesse, Ele poderia fazer de novo.

Mas ela também conhecia a história muito bem para esperar o que estava para acontecer. O Messias viria. Sua limitação não era derradeira, ela tinha uma esperança muito maior. As páginas que contavam sobre sua vergonha não eram o final do livro.

Esta é uma verdade preciosa que precisamos aprender e sempre lembrar: nossa história pessoal importa, mas somos parte da grande narrativa do povo de Deus.

Olhe para o passado, ao ler a Bíblia, e veja tudo que Deus já fez. Ele é capaz de fazer de novo ainda hoje. Olhe para o futuro, ao ler a Bíblia, e veja tudo o que Deus prometeu para o final dessa história: Ele voltará e fará tudo novo, completo, eterno e perfeito. E estaremos para sempre juntos, vivendo a maior e melhor história de todas.

Vamos orar juntas?

Querido Deus,

Obrigada por me fazer parte de uma história tão grande. É muito maior do que eu posso entender, mas posso ver o Senhor desenhando cada dia deste grande roteiro. Agradeço, pois sei que o Senhor é capaz de realizar os mesmos milagres que leio na Bíblia. E também agradeço porque sei o final dessa história — o Senhor vai voltar e vamos morar para sempre juntos. Em nome de Jesus, eu oro. Amém.

Minha parte nesta história

Escreva, desenhe ou cole o que quiser.
Este espaço é todo seu!

BÍBLIA

A canção de Maria

Oh, anjo que vieste
Que notícia assombrosa
Como posso eu, menina
Cumprir tal tarefa honrosa?

Oh, José que tanto amo
Não me deixe nessa hora
Somos nós a profecia
Dita desde o tempo outrora

Oh, bebê que eu carrego
Minha vida é por Ti
É Teu nome Emanuel
Deus conosco sempre aqui

Oh, Senhor que me escolheste
Não sei bem como será
Mas confesso: em Ti creio
Tua vontade cumprirá

O que aprendo com Maria
(a mãe de Jesus)

O anjo, aproximando-se dela, disse: "Alegre-se, agraciada! O Senhor está com você!". Maria ficou perturbada com essas palavras, pensando no que poderia significar esta saudação. Mas o anjo lhe disse: "Não tenha medo, Maria; você foi agraciada por Deus! Você ficará grávida e dará à luz um filho, e lhe porá o nome de Jesus".
(Lucas 1:28-31)

Você já teve medo na hora de apresentar um trabalho na escola? Deu aquele baita frio na barriga e achou que tinha virado uma estátua no dia da cantata na igreja? Já tentou achar qualquer desculpa para te livrar de ser dama de honra naquele casamento lotado?

Tem situações em que colocam a gente que, sinceramente, seria melhor sumir. Ninguém merece ter uma responsabilidade desse tamanho! Até tem menina desinibida que parece não ter medo nenhum de palco — mas tenho certeza de que até elas já passaram por esse pavor alguma vez.

Perceba: não é medo só da exposição, mas da responsabilidade que vem no pacote. Tem gente olhando, mas o que mais pesa é a expectativa que eles têm que a gente acerte tudo.

Maria foi chamada para a maior das apresentações, se é que podemos chamar assim. Diante do mundo e da história, ela deveria se tornar mãe do Salvador do mundo. Mas ela era nova e nem era casada ainda! Desde o começo, teriam pessoas dizendo que ela estava errada. Não seria fácil, disso ela tinha certeza.

Por um lado, Maria sabia que teria muitas pessoas para criticá-la e o medo era real; por outro lado, ela tinha certeza de que Deus estava o tempo todo com ela e era isso o que precisava. O que ela viveu mudou a história do mundo, mas seus olhos estavam somente no Senhor.

Vamos orar juntas?

Querido Deus,
Me ajude a olhar apenas para Você quando eu estiver com medo. Muitas vezes, sinto que as pessoas esperam mais de mim do que posso corresponder. Tenho medo das suas expectativas e das responsabilidades que devo cumprir. Não me sinto sempre capaz para fazer aquilo que devo. Mas sei que não estou sozinha — o Senhor está sempre comigo. Que eu nunca me esqueça dessa verdade. Obrigada por isso. Em nome de Jesus. Amém.

Minha parte nesta história

Escreva, desenhe ou cole o que quiser.
Este espaço é todo seu!

Outra senhora que esperava

Desde pequena aprendi
Que o Messias chegaria
A redenção estava por vir

Firme eu permaneci
E no templo eu vivia
Não podia desistir

Pela fé eu sempre cri
Nada me abalaria
Tudo ia se cumprir

Até que com meus olhos eu vi
Era tudo que eu queria
Cristo, nos meus braços, a dormir

O que aprendo com a profetiza Ana

Estava ali a profetisa Ana, filha de Fanuel, da tribo de Aser. Era muito idosa; havia vivido com seu marido sete anos depois de se casar e então permanecera viúva até a idade de oitenta e quatro anos. Nunca deixava o templo: adorava a Deus jejuando e orando dia e noite. Tendo chegado ali naquele exato momento, deu graças a Deus e falava a respeito do menino a todos os que esperavam a redenção de Jerusalém. (Lucas 2:36-38)

Você é boa em cumprir o que promete? Quando você fala que vai fazer alguma coisa, as pessoas podem confiar? Ou você gosta de enrolar e não resolver o que disse que cumpriria?

Deus tem muitas qualidades que respaldam o que Ele fala e que, por isso, podemos confiar. Primeiro, Ele é fiel. Ele não muda de opinião de acordo com a moda e com as suas emoções. Se Ele disse que vai fazer algo, vai seguir firme no que disse. Ele também é verdadeiro; não tem segundas intenções, nem fala qualquer coisa só para te distrair. O que Ele fala é totalmente real e legítimo.

Deus é respeitoso. Ele não fica de piadinha com nossa cara (apesar de ter um excelente senso de humor), nem prega peças na gente. Ele não trata você como uma pirralha, mas como uma menina digna de respeito. Ele é nosso amigo, mas é o Rei. Podemos confiar, porque Ele não brinca em serviço.

Ana, a profetisa, aguardava pela promessa da vinda de Jesus porque sabia em quem cria: no Deus fiel, verdadeiro, respeitável e respeitoso. Da mesma forma, nós podemos confiar.

Quais promessas do Senhor você quer reforçar hoje no seu coração, sabendo que Ele é fiel? Vou deixar algumas aqui para você ler e compartilhar com as amigas:

Mas aqueles que esperam no Senhor renovam as suas forças. Voam bem alto como águias; correm e não ficam exaustos, andam e não se cansam. (Isaías 40:31)

[...] o choro pode persistir uma noite, mas de manhã irrompe a alegria. (Salmos 30:5)

Portanto, não se preocupem com o amanhã, pois o amanhã se preocupará consigo mesmo. Basta a cada dia o seu próprio mal. (Mateus 6:34)

Entregue suas preocupações ao Senhor, e ele o susterá; jamais permitirá que o justo venha a cair. (Salmos 55:22)

Lancem sobre ele toda a sua ansiedade, porque ele tem cuidado de vocês. (1Pedro 5.7)

Vamos orar juntas?

Querido Deus,
Assim como Ana confiou e aguardou em Sua promessa, também quero crer em Você. O Senhor é fiel e posso Te ouvir com o coração seguro e confiante. Obrigada por Suas promessas e por Sua fidelidade. Confio em Você, sempre. Em nome de Jesus, eu oro. Amém.

Minha parte nesta história

Escreva, desenhe ou cole o que quiser.

Este espaço é todo seu!

A mulher que tinha sede

Não há poço tão fundo que eu encontre o que preciso
quero água
Não há água suficiente que resolva minha sede
sou deserto
Já busquei em tanta gente o que possa me encher
sou só mágoa
Que me escondo, não me encontro, ando errante a me perder

Até que Cristo me olhou, me ouviu e me entendeu
sem ressalva
Me deu de Sua água eterna, que jamais se acabará
era Ele
Já não ando escondida, nem sedenta, tenho vida
já sou fonte
Pois da água que encontrei agora posso transbordar

O que aprendo com a mulher samaritana

Nisso veio uma mulher samaritana tirar água. Disse-lhe Jesus: "Dê-me um pouco de água". (João 4:7)

Sentir sede é sinal de que o corpo está em desequilíbrio. É um problema de dentro da gente, que não se pode ver a olho nu. O corpo vai perdendo água pelo suor, pelo xixi, a gente não bebe água direito, come comida muito salgada... aí ela vem. O cérebro recebe informações das células que o estoque de água está baixo e, para resolver isso, ele solta o comando para a sede começar.

A boca fica seca por dentro, o gosto fica estranho, os lábios ressecam. Se a falta de água é grande, a cabeça até começa a doer e a gente fica irritada, desconfortável. Não tem nada que resolva além de um belo copo d'água.

Todos nós temos uma sede além da orgânica. É na alma, coisa da nossa existência. Somos pessoas secas, como um deserto. Isso é fruto da nossa natureza de pecado; todos nascemos assim, separados de Deus (Romanos 3:23) e, por isso, com sede desse relacionamento.

Vão te oferecer, à medida que você cresce, de tudo um pouco para matar esse vazio. Essa necessidade por algo que te preencha e sacie... Mas não tem o que fazer. Parafraseando Santo Agostinho, somos feitos para Deus e nosso coração fica inquieto enquanto não descansamos Nele.

A água que Cristo oferece para matar a sede da nossa alma é Ele mesmo. O Senhor nos preenche, refresca e refrigera, saciando todas as nossas necessidades para sempre.

Vamos orar juntas?

Querido Deus,
Tem vezes que eu sinto um vazio em mim que não sei explicar. É meu coração com sede do Senhor. Você é capaz de preencher cada canto da minha existência, satisfazendo a minha vida. Obrigada por se derramar como água viva. Não preciso buscar em outras fontes, o Senhor é tudo que eu preciso. Em nome de Jesus, eu oro. Amém.

Minha parte nesta história

Escreva, desenhe ou cole o que quiser.
Este espaço é todo seu!

Inacreditável

O que você acha impossível?
Aquela coisa que não tem jeito
Aquele sonho mais que incrível?

Sabe aquele improvável?
Que ninguém diz que vai rolar
Só falam que é impraticável

Estou aqui para te dizer
Que tem como isso dar certo
Já vi milagre acontecer

Meu corpo todo pereceu
Nem meu coração batia
Mas Jesus apareceu

E sempre que Ele aparece
Não importa quão difícil
O impossível acontece

Lembre-se continuamente
Como disse o bom Jesus:
"Não duvide, crê somente"

O que aprendo com Talita

Tomou-a pela mão e lhe disse: "Talita cumi!", que significa: "Menina, eu lhe ordeno, levante-se!". Imediatamente a menina, que tinha doze anos de idade, levantou-se e começou a andar. Isso os deixou atônitos. (Marcos 5:41-42)

Milagres nem sempre são simples de entender. Eles são acontecimentos divinos que extrapolam nossas possibilidades de atuação. É quando a gente não tem o que fazer, e Deus age fazendo o que era impossível.

Tem milagres que são mais fáceis de perceber, como quando uma cura física acontece. Na Bíblia, temos vários deles, como a cura de cegos, tempestades acalmando, multiplicações de pães e a ressurreição de Talita. Cada um desses eventos existe para manifestar o poder do Senhor. Claro, eles acontecem para abençoar quem o recebe. Porém, mais do que isso, eles são um grande outdoor do que Deus é capaz. São um sinalizador apontando para o grande Deus que faz grandes obras.

Tanto na Bíblia como hoje ainda acontecem milagres que a gente demóra a perceber. A ficha custa a cair que o que aconteceu era impossível. O problema dessa nossa "sonsice" é que a gente começa a achar que milagres não existem mais como no passado. Só que o tempo todo Deus está fazendo aquilo que a gente jamais conseguiria.

Quem é que poderia sustentar o universo ou reger as estações? Quem consegue garantir que vai acordar amanhã? Deus está, todo dia, o tempo todo, nos presenteando com coisas impossíveis.

Podemos continuar crendo que Ele faz milagres “dos grandes”, como fez com Talita. Podemos orar por essas situações impossíveis e esperar com fé o agir do Senhor. E podemos, também, ajustar nosso olhar para vermos que Deus já está agindo naquilo que não podemos, o tempo todo, ao nosso redor.

Vamos orar juntas?

Querido Deus,
Eu louvo o Senhor porque é grande e realizas grandes feitos. Suas obras são maravilhosas e Você faz o impossível. Eu oro pelo milagre impossível (coloque aqui o que você estiver precisando: cura, restauração, multiplicação — olhe para a Bíblia e se inspire no que Deus pode fazer). Agradeço porque Sua resposta é sempre boa. E agradeço ao Senhor por tudo o que faz e eu nem percebo — os livramentos, o sustento e a própria vida.
Em nome de Jesus, eu oro. Amém.

Minha parte nesta história

Escreva, desenhe ou cole o que quiser.
Este espaço é todo seu!

As meninas ricas

Meus pais sempre dizem
Que temos muita riqueza
Isso me faz responsável
De fazer o bem com certeza

Meu coração não se orgulha
Só porque tenho dinheiro
Isso não me faz melhor
Respeito a todos por inteiro

É porque já aprendi:
Se eu posso ter de tudo
Também devo repartir
Com o que tenho, eu ajudo

Roupas, laços e sapatos
Coberta, remédio, comida
Livros, estudo, saberes
Abraço, oração, acolhida

Não reparto do que sobra
Mas o meu melhor eu dou
Foi Deus quem tudo me deu
Posso amar como Ele amou

O que aprendo com Suzana e Joana

Joana, mulher de Cuza, administrador da casa de Herodes; Susana e muitas outras. Essas mulheres ajudavam a sustentá-los com os seus bens. (Lucas 8:3)

As pessoas precisam, desde novas, ter uma boa relação com o dinheiro. Isso não é só coisa de adulto. Inclusive, muitos adultos falam que se tivessem aprendido desde crianças, hoje seriam bem mais organizados financeiramente. É claro que tem muito detalhe que não é para agora, até porque tem coisa que envolve uma matemática que você ainda não aprendeu na escola.

Então, vamos focar no que você já pode saber e fazer. Para facilitar, usaremos duas palavras: mordomia e generosidade. Já ouviu falar nelas? Sabe o que elas querem dizer?

Mordomia é cuidar daquilo que não é seu. A partir disso, precisamos entender que o dinheiro não é nosso; nem do nosso pai, nem da nossa mãe. Tudo o que temos, inclusive o dinheiro, vem do Senhor (1Crônicas 29:11-12). Por isso, lidamos com os recursos não como donas, mas como mordomos (pois é, não existe essa palavra no feminino). Parece estranho, não é? Se seus pais trabalharam por ele... por que não pode ser seu, ou nem mesmo deles?

Tudo o que temos só ganha sentido quando entregamos de volta a Deus. Usamos e usufruímos de bens aqui na terra com mais prazer quando lembramos disso: cada centavo que temos é do Senhor e nos foi dado por Ele.

A **generosidade** é o melhor jeito de gastarmos o dinheiro que temos. Eu poderia até usar a palavra "investir", mas escolhi de propósito o verbo "gastar". Porque ser generoso é se gastar em prol do outro, entregando tudo o que somos e temos. Ser generosa é compartilhar sem reservas ou medo de que haja falta, mas sabendo que a fonte de toda provisão é o próprio Deus.

Assim, não reparto esperando receber de volta, mas confio que o Senhor é quem me retribui — nem sempre com bênçãos financeiras, mas sempre com aquilo de que preciso.

Vamos orar juntas?

Querido Deus,
Louvo ao Senhor porque Você é a fonte de todas as bênçãos — inclusive do dinheiro. Não preciso lidar com as riquezas com orgulho, inveja, avareza, cobiça ou ganância. Mas, assim como Joana e Suzana, que eu exerça boa mordomia e grande generosidade com o que me dá — seja muito ou pouco. O meu bem mais precioso não é uma coisa, mas é o Senhor. Em nome de Jesus, eu oro. Amém.

Minha parte nesta história

Escreva, desenhe ou cole o que quiser.
Este espaço é todo seu!

Desencontro

Se Jesus tivesse chegado antes
Se Ele viesse quando o chamei
Se Ele seguisse o meu calendário
Se Ele agisse quando eu precisei

Mas Ele chegou sem que houvesse esperança
Mas Ele veio quando minha fé acabou
Mas Ele seguiu Sua própria agenda
E quando Ele agiu tudo se transformou

O que aprendo com Maria

(irmã de Marta e Lázaro)

Chegando ao lugar onde Jesus estava e vendo-o, Maria prostrou-se aos seus pés e disse: "Senhor, se estivesses aqui meu irmão não teria morrido". (João 11:32)

Chronos era o deus da mitologia grega responsável pelo tempo. Só que ele era cruel e devorava os próprios filhos, pois tinha medo de que algum deles roubasse o trono. Era impossível fugir dele.

Além de Chronos ter dado origem para a nossa palavra cronológico (que a gente usa para falar sobre horas, minutos e anos), sua história parece ser parecida com o jeito que a gente lida com o relógio e o calendário hoje em dia. Não conseguimos fugir dos segundos passando, dos compromissos sem fim e das tarefas atrasadas.

Mesmo você sendo muito nova, já deve ter se sentido engolida pelo tempo alguma vez. Precisou fazer tudo às pressas e, quando percebeu, o tempo passou, você não deu conta de fazer tudo e ainda estava exausta.

E no meio disso tudo, a gente quer que Jesus se encaixe. É como se Ele fosse mais um funcionário do nosso relógio humano e não pudesse atrasar nem um minuto. Se Ele tem algo para falar, é bom que fale enquanto estivermos na igreja, porque é a hora que destinamos para isso. Depois, nem vamos prestar atenção, estamos sem tempo. E se Ele tem de agir, que resolva nossos problemas no exato momento em que precisamos. Afinal, estamos sem tempo para esperar.

Só que Deus não age no nosso tempo cronológico. Tem uma outra palavra grega que gostamos de usar para falar do ritmo que Ele prefere: *kairós*, o tempo oportuno, certo, eterno — o tempo de Deus.

Deus é muito maior do qualquer noção que a gente possa ter. Por isso, Ele não se limita às nossas definições e medidas. Ele age no Seu tempo, perfeito, sem atrasos nem pressa. Quando todos achavam que o Senhor tinha demorado, Jesus chegou onde Lázaro estava morto, e o trouxe de volta à vida. Deus entende nosso calendário, mas não se engane — o relógio Dele marca um outro tipo de tempo. Ainda bem!

Vamos orar juntas?

Querido Deus,
Por muitas vezes eu preferiria que as coisas fossem no meu tempo. Mas eu sou grata porque o Senhor age no Seu tempo, certo e eterno. Seus planos e Seu calendário são melhores e mais completos do que os meus. Tem dias que eu já me sinto cansada de tantos horários que tenho de cumprir, mas, vivendo no Seu tempo, eu tenho paz. Em nome de Jesus. Amém.

Minha parte nesta história

**Escreva, desenhe ou cole o que quiser.
Este espaço é todo seu!**

Para Marta, o cuidado

Não há tempo, só há tralha
Tanta coisa por fazer
Tem tarefa, tem trabalho
Tenho agora que correr

Todo dia tem labuta
Tenho a todos de servir
Sirvo a mesa, sobremesa
Estou sempre a ir e vir

Tempo passa, tempo corre
Eu não posso esmorecer
Tanta lista de afazeres
Essa é quem nasci para ser

Pouco tempo, muito anseio
De sentar para aprender
Mas não posso, eu não deixo
Só correndo sei viver

A todo tempo o Deus do tempo
Já estava a me ensinar
"Marta, Marta, vai com calma,
O tempo pode esperar"

"Tem um tanto", disse ele
"Algo que tem mais valor
Chega aqui, não tenha pressa
Por você eu tenho amor"

Mesmo quando não estou
Ajudando sem parar
Sou amada, valiosa
Já consigo descansar

O que aprendo com Marta

Respondeu o Senhor: "Marta! Marta! Você está preocupada e inquieta com muitas coisas; todavia apenas uma é necessária. Maria escolheu a boa parte, e esta não lhe será tirada". (Lucas 10:41-42)

Você conhece alguma menina que é muito boa em cuidar das outras pessoas? Talvez seja você essa pessoa. Você ama ouvir seus amigos e dar conselhos, curte muito ajudar os professores a distribuir o material, gosta de cuidar dos bebês no berçário da igreja e ajudar sua mãe a colocar uma mesa bem linda para o almoço? Então isso é com você mesma!

O que você não gosta é de dar trabalho, eu sei. Tem gente que não te entende e ainda por cima diz que você incomoda por estar querendo se meter em tudo. Mas mal sabem eles que você só quer se envolver para ajudar. Você sabe o que precisa fazer para o seu pai se acalmar quando chega do trabalho e para sua mãe se sentir mais bonita. Sabe quais brincadeiras seus irmãos mais novos gostam e até deixa de fazer suas coisas para ficar com eles.

Mas eu também sei que ser assim cansa. É como se a gente precisasse estar bem o tempo todo para cuidar de todo mundo. Como se o bem das pessoas dependesse do que a gente é capaz de fazer.

Bom, aqui vão duas coisas que Marta precisou aprender, e agora é sua vez: você não tem que dar conta de tudo e todos. É muito legal que você goste de servir, é lindo! Mas isso não pode virar um peso. Não é sua responsabilidade resolver todos os problemas (ainda mais dos adultos!). Não seja tão rigorosa, Marta.

E a coisa principal: Deus está cuidando de você. O tempo todo. Feche os olhos um pouco e respire bem fundo. Já abriu os olhos? Então feche de novo e dê outra respirada bem boa. Permita seu corpo se acalmar. O Senhor não tirou os olhos de você. Descanse o coração Nele. O amor Dele não falha nem um segundo.

Vamos orar juntas?

Querido Deus,
Sinto que estou sobrecarregada. Eu amo tanto minha família e amigos que me sinto na obrigação de fazer tudo sempre muito certo para que todos estejam felizes o tempo todo. Nisso, eu não consigo sentir o Senhor cuidando de mim. Me ajude a descansar. Me ajude a ver que o Senhor está comigo sempre, olhando por mim e pelos meus. Obrigada por me acolher e amar. Em nome de Jesus. Amém.

Minha parte nesta história

Escreva, desenhe ou cole o que quiser.
Este espaço é todo seu!

Até ser completa

Me falta
Um pouco
Não muito
Mas falta
Não tenho
De tudo
Não sei
Onde está
Que falta
Que faz
O que aqui
Não está

O que tenho
É bom
Mas não é
Por completo
Um pedaço
Pequeno
Tão simples
Singelo
Que falta
Que faz
O que aqui
Não está

É hora
Já chega
Eu busco
O que é meu
Procuro
Acendo
Varrendo
Vasculho
Atenta
Eu busco
O que aqui
Não está

Não me confunda
Eu sou satisfeita
Mas quero
Meu tudo
Completo
O todo
Não paro
Não posso
Até ser inteira
Com cada pedaço
Que aqui
Deve estar

E quando encontro
Meu tudo
Festejo
Cada pedacinho
Por menor que seja
Importa
Me vale
Sou feita
Inteira
Como dez moedas
Que eu pude
Encontrar

O que aprendo com a *mulher que perdeu uma moeda*

Ou, qual é a mulher que, possuindo dez dracmas e, perdendo uma delas, não acende uma candeia, varre a casa e procura atentamente, até encontrá-la? E quando a encontra, reúne suas amigas e vizinhas e diz: "Alegrem-se comigo, pois encontrei minha moeda perdida". (Lucas 15:8-9)

Quando Jesus contou a história da dona das moedas, Ele estava ensinando uma verdade bem central para o Evangelho. Estavam ali em volta Dele pessoas muito interessadas em aprender, e outras que só queriam criticar. Mas a todas Ele contou três parábolas sobre três perdas.

Primeiro, Ele começa comparando seus ouvintes a um pastor que perdeu uma ovelha. "Qual de vocês que, possuindo cem ovelhas e perdendo uma não deixa as noventa e nove no campo e vai atrás da ovelha perdida até encontrá-la?" (Lucas 15:4). Todos ali conheciam esse contexto. Quem não era dono de ovelhas, conhecia quem fosse.

Por último, Ele fala de um filho que sai da casa do pai, mas volta ao cair em si e ver a miséria que sua vida virou. O caçula volta arrependido, disposto a viver como um dos trabalhadores, mas o pai o recebe como o filho que sempre foi.

No meio das histórias, tem a mulher da moeda perdida, que busca incansavelmente até encontrá-la. Cada pequena moeda importa.

Três histórias, três perdas, três achados. E no final, três festas. Cada história encerra com o pastor, a mulher e o pai festejando o reencontro. E a verdade que Jesus estava ensinando, e que podemos aprender com a dona das moedas, é esta: “Eu lhes digo que, da mesma forma, há alegria na presença dos anjos de Deus por um pecador que se arrepende” (Lucas 15:10).

O maior objetivo de Jesus era reconciliar as pessoas com o Pai (Romanos 5:10), buscar e salvar o que estava perdido (Lucas 19:10). No momento em que você se arrependeu e se entregou a Cristo, foi encontrada como a ovelha, a moeda e o filho. O plano de Jesus se cumpriu e o Céu se alegrou!

Por isso, agora contamos de Jesus a todos os nossos amigos, pois queremos que eles sejam encontrados assim como nós fomos um dia.

Vamos orar juntas?

Querido Deus,
Muito obrigada por ter me resgatado. Eu estava perdida, sem condições de resolver minha situação, como uma moeda que sumiu. Mas Jesus veio para que eu pudesse ser trazida de volta. Me ajude a contar essa boa notícia para meus amigos.
Em nome de Jesus. Amém.

Minha parte nesta história

Escreva, desenhe ou cole o que quiser.
Este espaço é todo seu!

Quando o que eu tenho não parece muito

Enquanto eu ia para o templo
Eu pensava aqui comigo
Estou pobre, estou sozinha
Tenho pouco, quase nada
Somente uma ofertinha

E quando eu cheguei ao templo
Nem quis muito reparar
Tanta gente importante
Espalhada pelo pátio
E eu ali bem contrastante

Fui andando pelo templo
Pra minha oferta entregar
Vi alguém bem diferente
Me olhando curioso
Mas também benevolente

Fui à frente lá no templo
Entreguei minhas moedas
Não queria ser notada
Foi tão pouco o que eu dei
Que eu estava envergonhada

Foi aí que lá no templo
Minha vida transformou
Pois Aquele que me olhou
Não ligou para o que eu não tinha
Algo a mais Ele notou

Fui embora lá do templo
Sabendo o que é verdade
Pra não esquecer jamais
Não importa quanto tenho
Dar meu tudo vale mais

O que eu aprendo com a viúva que deu uma oferta

Então, uma viúva pobre chegou-se e colocou duas pequeninas moedas de cobre, de muito pouco valor. Chamando a si os seus discípulos, Jesus declarou: "Afirmo-lhes que esta viúva pobre colocou na caixa de ofertas mais do que todos os outros. Todos deram do que lhes sobrava; mas ela, da sua pobreza, deu tudo o que possuía para viver". (Marcos 12:42-44)

Pode ser que, ao contrário de Suzana e Joana, a situação do dinheiro na sua casa não seja muito boa. Não dá para comprar qualquer coisa a qualquer hora. Parece que, por mais que seus pais trabalhem, nunca sobra muito. Na verdade, nunca sobra nada; até o gasto básico é bem contado.

Não se comparar é difícil. A internet está cheia de meninas que parecem não saber o que é ouvir um "não"; elas têm de tudo o tempo todo. E na vida real também — pela escola e até na igreja tem dessas meninas. Tudo delas é da última trend, dos lápis de cor às viagens.

Mas você precisa sempre lembrar que seu dinheiro não define quem você é por dentro. Sua essência não é medida em reais, dólares, ou pelo tamanho do seu guarda-roupa. Você é amada. Você tem um propósito. Você vale mais do que uma conta bancária. Não se meça por coisas que não são eternas.

O que me leva ao principal: viva pelo que é eterno. Entregue tudo que você é e o que você possui pelo que não acaba. Como disse Jesus: “Mas acumulem para vocês tesouros no céu, onde a traça e a ferrugem não destroem, e onde os ladrões não arrombam nem furtam” (Mateus 6:20).

Não é pecado orar para que a situação melhore, nem é errado estudar e trabalhar para mudar as condições. O problema é a gente querer se definir por isso. Trends perdem a graça, dinheiro perde seu valor. Mas quando vivemos rendidas a Cristo, nossa importância não está firmada nessas coisas passageiras. Podemos nos entregar a Jesus, certas de que Ele não está comparando as quantias que cada uma dá. O que importa é que entreguemos nosso tudo.

Vamos orar juntas?

Querido Deus,
Obrigada por não me olhar diferente só porque não tenho tanto dinheiro como outras meninas. O Senhor me ama e me faz valorosa, independente de quanto dinheiro eu possa usar. Isso é muito pouco perto da grandeza que é viver com o Senhor. Entrego meu tudo a Você. Em nome de Jesus. Amém.

Minha parte nesta história

Escreva, desenhe ou cole o que quiser.
Este espaço é todo seu!

Dois em um, um em dois

Pra que dois possam ser um
Cada um tem que ser cheio
Pra que cada um consiga
Viver tudo por inteiro

E quando cada um é cheio
Só nos resta transbordar
A quem transborda nunca falta
Deus que faz multiplicar

Nossa casa, sempre aberta
Prontos para cooperar
Ensinando a quem precisa
Por nosso Cristo a trabalhar

Mas quando todos vão embora
Quando o dia chega ao fim
Eu e ele estamos juntos
Tenho a ele, e ele a mim

Porque quando somos um
Somos um com o Senhor
É ele quem dá sentido
Ao casamento e ao amor

O que aprendo com Priscila

Peço que a recebam no Senhor, de maneira digna dos santos, e lhe prestem a ajuda de que venha a necessitar; pois tem sido de grande auxílio para muita gente, inclusive para mim. Saúdem Priscila e Áquila, meus colaboradores em Cristo Jesus. (Romanos 16:3-4)

Eu sei, você é nova demais para falarmos sobre namoro e casamento. Mas, vamos ser sinceras, você vê muitas outras coisas sobre esse assunto nos streamings e redes sociais. Relacionamentos estão sempre nas conversas pela escola. Então vamos, sim, falar sobre isso. Agora é uma boa hora para você entender o que a Bíblia fala sobre isso.

E mais, não tenho como saber como é aí na sua casa. Talvez seus pais sejam um casal massa e te inspirem super a ter um casamento do jeito que nossa fé cristã ensina. Mas pode ser que as coisas aí não sejam muito legais e casar não seja nem uma opção que você considere bacana.

Vamos ver o que podemos aprender com Priscila sobre isso. A verdade é que ela e seu boy (Aquila) nunca foram usados como exemplos sobre casamento diretamente. Tipo como um respeitar o outro ou como dividir as tarefas de casa. Mas tem um detalhe precioso aqui para a gente.

Toda citação que Paulo faz a eles é de como eles, juntos, cooperavam com a causa do Evangelho. Vou repetir essas palavras que não escrevi à toa, para você perceber aí melhor: juntos cooperavam.

Eles faziam **juntos**. Não estavam em uma competição, um contra o outro, de quem fazia mais. Nem estavam tentando chamar mais atenção que o outro. Era união, parceria, amizade. O foco de cada um não estava em si, nos seus desejos e sonhos pessoais, abafando um ao outro. Estavam sempre os dois lá.

E o trabalho deles era em prol de construir, colaborar, ajudar. O foco não estava neles, cada um por si, nem era fechado neles como casal. Eles tinham um objetivo que extrapolava as paredes de sua casa. Isso porque o casamento é um reflexo de quem Deus é e do que Ele fez por nós: o Senhor nos amou e se entregou por completo. Por isso, o casamento é uma entrega um pelo outro e, como consequência, uma entrega pelos que estão ao seu redor.

Um casal que se entrega ao Senhor junto, se entrega pelas pessoas, em favor de muitos, por amor a Cristo. E você aí achando que eu ia falar de romance...

Vamos orar juntas?

Querido Deus,
Obrigada, porque o Senhor se importa com minhas emoções românticas. Mas peço para que elas nunca sejam o principal da minha vida, tomando o Seu lugar. Desde já, oro pelo meu casamento e a família que vou formar um dia. Que, junto com meu futuro marido, eu possa viver uma vida rendida ao Senhor e em favor de muitos. Em nome de Jesus. Amém.

Minha parte nesta história

Escreva, desenhe ou cole o que quiser.
Este espaço é todo seu!

A confissão do começo

A cruz contemplar
Em Cristo crer
No Cordeiro confiar
O coração converter

A casa construir
Com a causa cooperar
O corpo compor
Em comunhão caminhar

Em caridade se conduzir
A chama conservar
Em conhecimento crescer
Com convicção clamar

O conflito conciliar
O contrito consolar
O caído curar
Com compaixão compartilhar

A colheita celebrar
O caminho consolidar
A comissão cumprir
Para o céu caminhar

O que aprendo com as primeiras mulheres da Igreja

Recomendo-lhes nossa irmã Febe, serva da igreja em Cencréia. Peço que a recebam no Senhor, de maneira digna dos santos, e lhe prestem a ajuda de que venha a necessitar; pois tem sido de grande auxílio para muita gente, inclusive para mim. [...]. Saúdem Trifena e Trifosa, mulheres que trabalham arduamente no Senhor. Saúdem a amada Pérside, outra que trabalhou arduamente no Senhor. (Romanos 16:1-2, 12)

No que você acredita? E por que você crê nisso? Por que você se diz cristã? Você sabe explicar a razão da sua fé? O que é ser cristã? É claro que você não precisa ter cem por cento das respostas já de cara. Mas precisa, sim, saber que a nossa fé tem razões bem objetivas e lógicas.

Quando a Igreja começou para valer, depois que Jesus ressuscitou e subiu aos Céus, a perseguição era forte e cruel. Não era qualquer um que aguentava permanecer firme. Porém, todos os que resistiam tinham uma coisa em comum: eles sabiam no que criam e sabiam os motivos para crer.

Isso porque eles estavam continuamente estudando as Escrituras. Era prática constante ler, meditar e conversar sobre as coisas do Senhor. As informações da Palavra não eram uma memória difícil de acessar, mas eram um conhecimento sempre recorrente.

Mas, também, a certeza da fé estava na prática. Eles viviam o que criam. Existem muitas pesquisas atuais que comprovam isso: a gente aprende bem um conteúdo quando põe a mão na massa! E o pessoal da primeira igreja não ficava só no conhecimento escrito. Desde uma mesa para compartilhar a refeição até uma reunião de oração, toda a vida deles era resultado do que eles diziam crer.

A vida era uma só. Não tinha essa de ser uma pessoa na igreja, outra na escola, outra em casa. A verdade do Evangelho era tão real que tudo que eles faziam era fruto do que eles acreditavam: que Cristo morreu em nosso lugar, pagando o preço do pecado, nos redimindo por completo, para que pudéssemos ter uma nova vida Nele.

Aqui vão alguns versículos que explicam no que cremos para você ler, meditar e falar sobre eles com seus amigos:

Fui crucificado com Cristo. Assim, já não sou eu quem vive, mas Cristo vive em mim. A vida que agora vivo no corpo, vivo-a pela fé no filho de Deus, que me amou e se entregou por mim. (Gálatas 2:20)

E ele morreu por todos para que aqueles que vivem já não vivam mais para si mesmos, mas para aquele que por eles morreu e ressuscitou. [...] Portanto, se alguém está em Cristo, é nova criação. As coisas antigas já passaram; eis que surgiram coisas novas! Tudo isso provém de Deus, que nos reconciliou consigo mesmo por meio de Cristo e nos deu o ministério da reconciliação. (2Coríntios 5:15, 17-18)

E por meio dele reconciliasse consigo todas as coisas, tanto as que estão na terra quanto as que estão no céu, estabelecendo a paz pelo seu sangue derramado na cruz. Antes vocês estavam separados de Deus e, em suas mentes, eram inimigos por causa do mau procedimento de vocês. Mas agora ele os reconciliou pelo corpo físico de Cristo, mediante a morte, para apresentá-los diante dele santos, inculpáveis e livres de qualquer acusação, desde que continuem alicerçados e firmes na fé, sem se afastarem da esperança do evangelho, que vocês ouviram e que tem sido proclamado a todos os que estão debaixo do céu. Esse é o evangelho do qual eu, Paulo, me tornei ministro. (Colossenses 1:20-23)

Vamos orar juntas?

Querido Deus,
Eu ainda não entendo tudo sobre o que acredito. E o Senhor sabe que nunca vou entender tudo por completo. Mas não quero viver sem saber os motivos da minha fé. Que eu cresça sempre no conhecimento do Senhor e que isso transborde em todas as áreas da minha vida.
Em nome de Jesus. Amém.

Minha parte nesta história

Escreva, desenhe ou cole o que quiser.
Este espaço é todo seu!

Nós

E depois disso tudo
O que é que acontece?
Quando a Bíblia se fecha
O que é que aparece?

A história não parou
Deus seguiu no Seu agir
Mais mulheres Ele usou
Ninguém pôde impedir

Catarina, Amy, Monica, Susana
Cada uma com seu talento
Fanny, Elizabeth, Rachel
No tempo calmo ou no tormento

Gladys, Corrie, Harriet, Aimee
A Deus serviram com prazer
Lilias, Frida, Isobel e Mary
São tantas que nem sei dizer

E não foi só no mundo afora
Aqui também na nossa terra
Tem mulheres na história
Que transformaram em paz a guerra

Ana Maria despertou as Déboras
Helenita discipulou crianças
Tia Rose com canções inesquecíveis
Edméia reconstruindo esperanças

E o que dizer de Cecília Siqueira, Maria José,
Odá Pessanha, Maria Amélia,
Analzira, Albertina, Nair e Cacilda
Lucia Margarida, Wanda, Zélia

E agora a história é com vocês
Bebel, Barbara, Betina
Ana, Helena, Chiara, Carol
Sophia, Julia, Valentina

Aí vem meninas depois de vocês
Para viverem juntas o que Deus planejou
Para serem alcançadas por Deus em vocês
As novas mulheres que Deus levantou

E mesmo sendo novas
Prestem muita atenção
Levantem-se, garotas
Eis aqui sua missão

Olhem para Ceci, Sofia e Bella
Betina, Romana, Aurora e Eloah
Olívia, Maria, Kora e Jasmin
Ester e mais tantas meninas que há

Vocês são tesouro a ser repartido
São fonte, são fruto, são manancial
O que receberam não fica escondido
Dividam com todas o que é essencial

É Cristo a notícia que vocês carregam
Sua graça, Sua fé, Sua cruz e Sua vida
Tenham coragem, meninas, avante!
Espalhando a mensagem bendita adiante

O que aprendo com as mulheres da história

Pois foi por meio dela [fé] que os antigos receberam bom testemunho. (Hebreus 11:2 – acréscimo nosso)

Para a gente encerrar nossa conversa, quero reforçar uma verdade: Deus não parou de agir. Através da história, Ele tem desenrolado seu enredo até que se cumpra a última profecia — Jesus voltará.

Enquanto caminhamos para este final, precisamos ver que Deus continua reinando e continua fazendo seus planos se cumprirem, dia a dia, na vida de cada pessoa. É no hoje que Deus atua, em você e através de você.

Mulheres sempre foram e continuam sendo importantes na história que Deus está escrevendo. Por isso, olhe para trás, para a Bíblia e para o passado da Igreja, e veja quantas construíram esse caminho. Donas de casa, médicas, missionárias. Jovens e idosas. Mães de muitos filhos e mulheres que nunca se casaram. O pré-requisito sempre foi um só: mulheres totalmente entregues a Cristo.

Mas também olhe para frente. Veja as meninas mais novas que você como um encorajamento e chamado. É por elas que Deus a levanta.

Para que você fale para cada uma delas sobre Cristo. Para que elas vejam sua vida rendida ao Senhor e se inspirem na sua fé.

Como disse lá nas primeiras páginas, você não é menina à toa. Então, siga descobrindo em Deus a sua identidade e vocação. Curta sua vida, brinque, faça amigos, pratique esportes, viaje, leia. Mas, acima de tudo, que Cristo seja a razão dos seus dias. É isso o que faz valer a pena viver!

Vamos orar juntas?

Querido Deus,
Eu sou grata porque o Senhor não parou de agir. Pela história, Você tem mostrado Seu poder e Sua bondade, através de pessoas dispostas a serem usadas por Você. Muitas mulheres, tantas que nem sabemos o nome, viveram para que o Evangelho chegasse até mim. Que minha vida seja usada da mesma forma, para que muitas meninas conheçam o Senhor. Em nome de Jesus. Amém.

Minha parte nesta história

Escreva, desenhe ou cole o que quiser.
Este espaço é todo seu!

Conheça as mulheres citadas no poema *Nós*

CATARINA VON BORA, alemã, responsável pela Reforma Protestante junto com seu marido, Martinho Lutero.

CATARINA BOOTH, britânica, fundou o Exército da Salvação com seu marido, William Booth.

AMY CARMICHAEL, missionária irlandesa na Índia.

MONICA, canonizada pela igreja católica, argelina, orou durante 30 anos pela conversão de seu filho, que veio a se tornar Santo Agostinho.

SUSANA WESLEY, britânica, mãe de John Wesley — fundador da Igreja Metodista —, e Charles Wesley, importante compositor de hinos cristãos.

FANNY CROSBY, americana, uma das maiores compositoras cristãs. Escreveu mais de oito mil hinos.

ELIZABETH ELLIOT, missionária americana no Equador.

RACHEL SAINT, missionária americana no Equador.

GLADYS AYLWARD, missionária britânica na China.

CORRIE TEN BOON, holandesa, presa em campos de concentração pelos nazistas, por esconder judeus em sua casa.

HARRIET TUBMAN, abolicionista e ativista americana.

AIMEE SEMPLE MCPHERSON, evangelista canadense, fundadora da Igreja do Evangelho Quadrangular.

LILIAS TROTTER, missionária britânica na Argélia.

FRIDA VINGREN, missionária sueca no Brasil. Fundou junto com o marido, Gunnar Vingren, e o casal Daniel e Sara Berg, a Assembleia de Deus no Brasil.

ANA MARIA PEREIRA fundou, em 1995, o movimento de mães que oram por seus filhos, Desperta Débora, junto com seu então esposo, Rev. Jeremias Pereira, e seu amigo, Rev. Marcelo Gualberto.

HELENITA BORJA, artista plástica e educadora, liderou por anos o ministério infantil da 8ª Igreja Presbiteriana de Belo Horizonte, influenciando o trabalho cristão com crianças por todo o país.

TIA ROSE, cantora de músicas cristãs infantis nas décadas de 1980 e 1990, autora de canções conhecidas até hoje, como "Estátua de Sal".

EDMÉIA WILLIAMS, nascida no Pará, é missionária, fundadora da Casa de Maria e Marta, no Morro de Dona Marta (Rio de Janeiro), onde investe no desenvolvimento de crianças e adolescentes da comunidade.

CECÍLIA SIQUEIRA, professora, foi responsável pelo Colégio Evangélico em Pernambuco e, posteriormente, em Alto Jequitibá, Minas Gerais, onde seu esposo, Rev. Cícero Siqueira, era pastor.

MARIA JOSÉ ALMEIDA ELIAS era esposa do reverendo presbiteriano avivalista Antônio Elias, pai na fé e mentor de uma importante geração de pastores presbiterianos. Maria José, por isso, desenvolveu importante papel de maternar tais pastores e suas famílias, recebendo-os em sua casa. Junto com o marido, organizou a Igreja Presbiteriana Betânia, em 1966. As cartas que trocou com Rev. Antônio Elias na época de namoro, que registram sua conversão, estão em seu livro *Cartas de Amor*.

ODÁ DE CASTRO PESSANHA, pastora titular da Terceira Igreja Quadrangular de Curitiba por 39 anos. Fundou o Educandário Mariano Rodrigues de Castro, que abrigava órfãos, foi pioneira nos avivamentos do sul do Brasil. Em 1989, foi reconhecida pelo estado do Paraná pelos serviços prestados à coletividade.

MARIA AMÉLIA CAVALCANTI DE ALBUQUERQUE formou-se em medicina no Rio de Janeiro, em 1892, e foi a primeira médica a clinicar no Recife, sendo conhecida como Amélia Doutora. Era agnóstica, até que começou a sentir um vazio, uma fome por Cristo, sendo batizada na Igreja Batista em 1908.

ANALZIRA PEREIRA NASCIMENTO serviu como missionária de Missões Mundiais por 17 anos em Angola, nos terríveis anos de guerra civil daquele país. Suas ações em favor dos afetados pelas atrocidades da guerra fizeram dela uma referência.

ALBERTINA BEZERRA BARRETO, pernambucana, foi quem tomou a iniciativa de criar os Círculos de Oração, em 1942, por conta de um diagnóstico médico de sua filha. O ministério é um marco das Assembleias de Deus no Brasil e no mundo.

NAIR SOARES E CACILDA DE BRITO escreveram a primeira revista brasileira de Escola Dominical para crianças da Assembleia de Deus, em 1943.

LUCIA MARGARIDA LEMOS GONÇALVEZ foi uma das missionárias mais expressivas da Junta de Missões Nacionais. Fundadora do Colégio Batista do Tocantins, foi uma das brasileiras que conduziu a tocha olímpica antes dos jogos olímpicos do Rio, em 2016.

ZÉLIA BRITO MALACÃO

WANDA KRIEGER, esposa do missionário Gunter Carlos Krieger. Ambos passaram mais de quarenta anos entre os Xerentes e traduziram todo o NT direto do grego para a língua xerente. Quando começaram a trabalhar como missionários, os xerentes estavam ameaçados de extinção. Hoje são uma nação indígena crescente, com a sua cultura fortalecida.

ZÉLIA BRITO MALACÃO, missionária, musicista, fundadora da Confederação das Irmãs Beneficentes Evangélicas (CIBE). Trabalhou em casas de detenção junto com Frida Vingren, além de muitos outros trabalhos. Casada com Paulo Leivas Macalão, fundador do Ministério Madureira e do jornal O Semeador.

Sobre a autora

Meu nome completo é Raquel Otoni de Araújo Costa.

Da minha mãe, Mirna, eu herdei o sobrenome Otoni, uns jeitos peculiares de mexer as mãos enquanto falo e um senso de justiça apurado. Do meu pai, Simonton, veio o Araújo, minha facilidade em chorar de rir em horas impróprias e meu amor por dar presente. De Douglas, meu marido, ganhei o sobrenome Costa, revivi minha torcida pelo Flamengo e, com ele, me tornei mãe da Marina (que já está com Jesus), do Felipe (que nasceu em 2021) e de um bebê-sementinha (que nasce em março de 2026).

Mas antes desse tanto de nome e herança, sou filha de Deus, do qual herdei a salvação em Cristo e uma vida cheia do Seu Espírito. E, de quebra, Ele ainda me deu habilidades pra que as pessoas possam conhecê-lo através do que eu faço.

Sou graduada em Psicologia, mestre em Sociologia Política, e já atuei em diferentes frentes: na clínica (onde as pessoas vão cuidar das emoções, escolhas e relacionamentos), em situações pós-desastre (em cidades e comunidades afetadas por enchentes ou terremotos), e coordenando voluntariado e projetos sociais em hospitais, asilos, casas de acolhimento, e por aí vai.

Além disso, como você já sabe, eu escrevo. Junto com minha irmã, Débora Otoni, escrevi *De Eva a Ester*, *De Maria até nós* e *Teologia de parquinho*, todos lançados pela Thomas Nelson.

Atualmente, moro em Oklahoma, nos Estados Unidos, numa cidadezinha com menos de 40 mil habitantes, de onde meu marido cuida de cristãos que sofrem ao redor do mundo.

E, pra terminar, algumas informações aleatórias sobre mim: eu amo a palavra *sussurro* (porque só dá pra dizer ela sussurrando), consigo escrever com as duas mãos, não gosto de montanha-russa e não sei andar de bicicleta.

Agora é com você: como você se apresentaria pras pessoas? Aproveite a próxima página pra escrever sua própria biografia!